Bibliografische Information der Deutschen Nationalbibliothek:

Die Deutsche Bibliothek verzeichnet diese Publikation in der Deutschen National-bibliografie; detaillierte bibliografische Daten sind im Internet über http://dnb.d-nb.de/ abrufbar.

Dieses Werk sowie alle darin enthaltenen einzelnen Beiträge und Abbildungen sind urheberrechtlich geschützt. Jede Verwertung, die nicht ausdrücklich vom Urheberrechtsschutz zugelassen ist, bedarf der vorherigen Zustimmung des Verlages. Das gilt insbesondere für Vervielfältigungen, Bearbeitungen, Übersetzungen, Mikroverfilmungen, Auswertungen durch Datenbanken und für die Einspeicherung und Verarbeitung in elektronische Systeme. Alle Rechte, auch die des auszugsweisen Nachdrucks, der fotomechanischen Wiedergabe (einschließlich Mikrokopie) sowie der Auswertung durch Datenbanken oder ähnliche Einrichtungen, vorbehalten.

Impressum:

Copyright © 1985 GRIN Verlag, Open Publishing GmbH
Druck und Bindung: Books on Demand GmbH, Norderstedt Germany
ISBN: 9783640659968

Dieses Buch bei GRIN:

http://www.grin.com/de/e-book/153745/das-joch-in-der-bibel-und-dessen-verwen-dung-im-realen-leben

Roland Engelhart

Das Joch in der Bibel und dessen Verwendung im realen Leben

GRIN Verlag

GRIN - Your knowledge has value

Der GRIN Verlag publiziert seit 1998 wissenschaftliche Arbeiten von Studenten, Hochschullehrern und anderen Akademikern als eBook und gedrucktes Buch. Die Verlagswebsite www.grin.com ist die ideale Plattform zur Veröffentlichung von Hausarbeiten, Abschlussarbeiten, wissenschaftlichen Aufsätzen, Dissertationen und Fachbüchern.

Besuchen Sie uns im Internet:

http://www.grin.com/

http://www.facebook.com/grincom

http://www.twitter.com/grin_com

Roland Engelhart

Das Joch in der Bibel und dessen Verwendung im realen Leben

Inhaltsverzeichnis

1. Biblische Befunde für das Joch

1.1 Altes Testament

In der Septuaginta verteilen sich von den etwa 75 Belegen des hebräischen Worts für Joch bzw. Waage ungefähr gleichviel auf die Bedeutung Joch und Waage.[1] Eine Ausnahme davon bildet 3 Makk 4,9, wo der Querbalken zwischen den Schiffsplanken gemeint ist. Der semantische Ursprung liegt im Querbalken der Waage bzw. der Wagendeichsel für die Zugtiere. In beiden Bedeutungen kommt das Wort meist in religiös-sittlicher Verbindung vor.[2]

Profan kommt das Wort Waage als Mittel des Teilens in Ez 5,1, zum Abmessen in Jes 46,6 und zum Geldabwägen in Jer 39,10 vor. Öfters wird die Forderung des richtigen Wiegens im Alten Testament erhoben, so in Ez 45,10 oder in Hos 12,7, was seine religiöse Bedeutung darin hat, dass „Waagschalen und Waagbalken Jahwe gehören"[3]. Im übertragenen Sinne steht die Waage als Symbol des Rechts. Dies setzt sich immer weiter fort bis zu den mittelalterlichen Darstellungen der Justitia mit der Waage. Die Gerechtigkeit gilt somit als eine der vier Kardinalstugenden.[4]

Das Joch (hebräisch ol, seltener mota) wurde ebenfalls in zahlreichen übertragenen Bedeutungen verwendet.[5] Es bedeutet Abhängigkeit und Unterwerfung. Es ist Sinnbild für Sklaverei (Jer 27-28), für Knechtschaft unter einem Tyrannen (1 Kön 12,4; 12,9-11; 12,14), sei es unter der Last des eigenen oder eines fremden Königs (Jes 47,6) oder für Knechtschaft

---

[1] Vgl. Schenk, in: Balz/Schneider, Exegetisches Wörterbuch zum Neuen Testament, Bd. II, S. 258f.
[2] Vgl. Bertram, in: Kittel, Theologisches Wörterbuch zum Neuen Testament, Bd. II, S. 898.
[3] Bertram, in: Kittel, Theologisches Wörterbuch zum Neuen Testament, Bd. II, S. 899.
[4] Vgl. ebenda.
[5] Vgl. Hentschke, in: Reicke/Rost, Exegetisches Wörterbuch zum Neuen Testament, Bd. II, S. 869; Léon-Dufour, Wörterbuch zum Neuen Testament, S. 240; Haag, Bibel-Lexikon, S. 828; Bertram, in: Kittel, Theologisches Wörterbuch zum Neuen Testament, Bd. II, S. 900.

überhaupt (Jer 30,8). Das Zerbrechen des Jochs kann deshalb zum Bild der Befreiung werden (Jes 9,3) und ist ein festes Element der Heilsprophetie. Das Wort bezeichnet auch die tatsächliche Beziehung zwischen dem Sklaven und dem Herrn (Jer 2,20). Die Zwangsherrschaft kann außerdem von Lästerern (Sir 40,1) ausgeübt werden, während das Joch der Weisheit eine Wohltat für den Menschen (Sir 51,26) ist.

1.2 Neues Testament

Das griechische Wort ζυγός bzw. ζυγόν hat eine Reihe von Bedeutungen.[6] Entsprechend gibt es verschiedene philologisch-etymologische Befunde. In erster Linie bedeutet ζυγός das Joch, auch im übertragenen Sinne das Querholz von den die beiden Schiffsseiten verbindenden Ruderbänken. Ferner wird es als Synonym für Paar, für eine Reihe von Soldaten und als Ackermaß gebraucht. Darüber hinaus bezeichnete das Wort den Waagebalken und umfasst später die ganze Waage. Der Begriff hat eine Menge von Ableitungen, von denen hier nur einige erwähnt seien: ζύγιον - Ruderbank; ζυγίτης - Benennung eines Ruderers; ζύγιος - zum Joch gehörig; ζυγικός - zur Waage gehörig; ζυγηδόν - paarweise; ζυγόω - unterjochen (durch ein Querholz verbinden, verschließen, das Gleichgewicht halten); ζυγέω - eine Reihe oder ein Glied bilden.

Das in Neuen Testament sechs Mal belegte Nomen ζυγός[7] hat nur in Offb 6,5 die Bedeutung von Waage als Ausdruck des Teilens und der Teuerung. Bei der Bedeutung von Waage scheint sich übrigens das sächliche Geschlecht durchgesetzt zu haben,[8] in Offb. 6,5 ist das Genus

---

[6] Vgl. Bauer, Wörterbuch zum Neuen Testament, S. 671; vgl. Frisk, Griechisches etymologisches Wörterbuch, Bd. I, S. 615: er nennt das sächliche Geschlecht.
[7] Die nachseitig abgebildeten Stellen sind der Computer-Konkordanz, S. 770f. entnommen.
[8] Vgl. Bauer, Wörterbuch zum Neuen Testament, S. 672.

aber nicht sicher bestimmbar.[9] An den übrigen Stellen bedeutet ζυγός

Joch.[10] Im Neuen Testament steht Joch stets im übertragenen Sinne, in

ζυγος [6]		
Mt	11 29	ἄρατε τον ζυγον μου ἐφ ὑμας και μαθετε ἀπ ἐμου, ὁτι πραυς εἰμι και ταπεινος τῃ καρδιᾳ,
	30	ὁ γαρ ζυγος μου χρηστος και το φορτιον μου ἐλαφρον ἐστιν.
Ac	15 10	νυν οὐν τί πειραζετε τον θεον, ἐπιθειναι ζυγον ἐπι τον τραχηλον των μαθητων, ὁν οὑτε οἱ πατερες ἡμων οὑτε ἡμεις ἰσχυσαμεν βαστασαι;
Ga	5 1	στηκετε οὐν και μη παλιν ζυγῳ δουλειας ἐνεχεσθε.
1Tm	6 1	ὁσοι εἰσιν ὑπο ζυγον δουλοι, τους ἰδιους δεσποτας πασης τιμης ἀξιους ἡγεισθωσαν,
Apc	6 5	και εἰδον, και ἰδου ἱππος μελας, και ὁ καθημενος ἐπ αὐτον ἐχων ζυγον ἐν τῃ χειρι αὐτου.

der gleichen Bedeutung wie im Alten Testament, also für Abhängigkeit. ζυγός gehört vom griechischen Wortumfeld her zu δουλεία.[11] Diese Abhängigkeit ist die eines Sklaven, entweder im eigentlichen Sinn (1 Tim 6,1) oder im religiösen Sinn als Sklave des jüdischen Gesetzes (Apg 15,10; Gal 5,1). Hierbei wird besonders auf die Unfreiheit in geistig-religiöser Sicht hingewiesen. Das Joch Jesu (Mt 11,29f.) jedoch ist sanft und leicht zu tragen.

---

[9] Da dieser Beitrag auf den landwirtschaftlichen Begriff Joch abzielt, wird auf den Begriff Waage hier nicht näher eingegangen.

[10] Im Neuen Testament tritt auch το ζεύγος für Joch/ Paar auf (Lk 14,19; Lk 2,24), das auch phonetisch mit ζυγός verwandt ist.

[11] Vgl. Schenk, in: Balz/Schneider, Exegetisches Wörterbuch zum Neuen Testament, Bd. II, S. 258.

2. Beschreibung und Gebrauch des Jochs

Die ganze Art des palästinischen Jochs[12] ist darauf angelegt, dass es von zwei Zugtieren gezogen wird, deswegen heißt ζυγός unter anderem auch Paar. Den parallel zueinander stehenden Zugtieren wird ein Rundholz quer über den Hals jedes der beiden Tiere gelegt und in der Mitte des Jochs wird die Deichsel des Pfluges festgemacht.[13] Das gerade runde Holz ist etwa 1,30-1,50 m lang und 7-9 cm dick. Etwa 13-25 cm von den beiden Enden entfernt (siehe Abbildung unten) sind in einem Abstand von etwa 10 cm die Jochhaken in Form von 20-30 cm langen Pflöcken eingelassen.[14] In den Zwischenräumen dieser Jochhaken befinden sich die Hälse der Zugtiere. Unten am Jochhaken sind jeweils Schnüre, die unter dem Hals des Pflugtieres zusammengebunden werden, wobei die eine Jochschnur mit einer Schlinge, die andere mit einem dazu passendem Bolzen endet. Auf diese Weise oder einfach bloß mit der Schnur wird der Hals der Tiere lose eingeschlossen und so kann das Joch nicht abgeworfen werden.[15]

In der Mitte des Jochs befinden sich zwei eng beieinander stehende Jochzapfen, welche die Anschirrung des Pfluges an das Joch ermöglichen. In diesen bewusst eng gewählten Zwischenraum kommt eine Schleife, die mittels einer anderen Schleife oder auch alleine die Verbindung zum Pflug herstellt. „Die Spitze des Zugholzes wird nun erst durch die zweite, dann durch die erste Schleife gesteckt, so dass sie unter dem Joch durchgeht und darauf die zweite Schleife von unten über

---

[12] Man kann hier - wie bei anderen Realien - von dem heute noch üblichen Gebrauch ausgehen.
[13] Vgl. Dalman, Arbeit und Sitte in Palästina, Bd. II, S. 93.
[14] Vgl. ebenda; vgl. Thomsen, in: Ebert, Reallexikon der Vorgeschichte, Bd. X, S. 120.
[15] Vgl. Dalman, Arbeit und Sitte in Palästina, Bd. II, S. 94.

den Schleppstift des Zugholzes gehängt und da festgebunden, womit die Verbindung von Joch und Zugholz vollendet ist."[16]

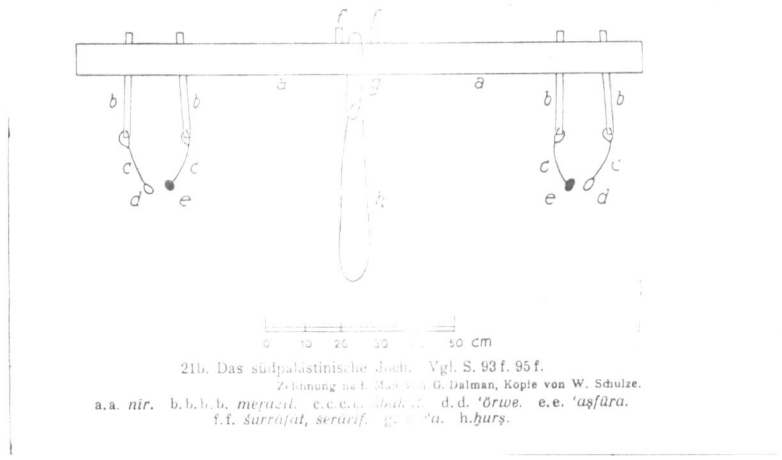

Abbildung 1: Das südpalästinische Joch[17]

Es gibt aber ebenfalls bei der Verbindung einige Variationen, so wie es beim Joch selbst gewisse Variationen in Länge und Dicke gibt und sie wohl auch in der Vergangenheit gab.[18] So hat das Tscherkessenjoch in der Mitte anstelle der Jochzapfen ein rundes Loch[19] oder es kommt vor, dass das Joch mit Hilfe eines Holzringes mit dem Pflug verbunden wird.[20] Jedenfalls wird auf diese Weise stets ein festes und doch bewegliches Verhältnis von Pflug und Joch erzielt, was für das Ausweichen bei Steinen und beim Wenden am Ende des Ackers von Vorteil ist. Das Joch ist also dazu da, die Zugkraft von zwei Tieren zu übertragen. Es wird deshalb vorne am Hals aufgelegt, weil dies zum Anschirren eine günstige Stelle ist, man

---

[16] Dalman, Arbeit und Sitte in Palästina, Bd. II, S. 95f..
[17] Entnommen aus: Dalman, Arbeit und Sitte in Palästina, Bd. II, Tafeln, Abbildung 21b.
[18] Vgl. Dalman, Arbeit und Sitte in Palästina, Bd. II, S. 96f..
[19] Vgl. Dalman, Arbeit und Sitte in Palästina, Bd. II, S. 95.
[20] Vgl. Dalman, Arbeit und Sitte in Palästina, Bd. II, S. 96.

wenig Material braucht und die Tiere so zusammenhält, dass sie erst gar nicht auseinander laufen können, was für den Pflüger die ohnehin nicht leichte Pflugarbeit ein wenig erleichtert.

Die Last des Jochs wird durch die Verwendung eines leichten Holzes etwas gemildert. Heute nimmt man dafür Pappelholz, speziell Euphratpappelholz, Kiefer oder Weide, für die Jochhaken jedoch immer Eiche.[21] Wenn es heißt „durch Umwickeln mit Tüchern konnte es der Landsmann lind und leicht machen"[22], ist schwer einzusehen, warum das Joch so leichter sein soll, wohl ist damit aber gemeint, dass man damit das Reiben des Jochs auf dem Nacken der Tiere lindern wollte, was auch heute als Vorsichtsmaßnahme gegen Wundwerden der Zugtiere oder, falls schon eingetreten, zu deren Besserung eingesetzt wird. Nirgends ist es üblich, dass man mehr als einen Pflug an ein Joch hängt.[23] Üblich hingegen ist es, zum Füttern das Joch abzunehmen. Das Joch mit seinen Haken und Schnüren verhindert zwar ein Kauen nicht, aber da das eine Tier mit dem anderen zusammen an das Joch gebunden ist, können sich die Tiere nur schlecht bücken, um das auf dem Boden liegende Futter zu fressen.[24]

Bei der Einfachheit des heutigen palästinischen Jochs kann man davon ausgehen, dass sich das Joch des Altertums vom heutigen nicht wesentlich unterschied.[25] So wird an einigen Stellen des Alten Testaments (Gen 27,40; Jes 10,27) von einem auf den Hals gelegtem Joch berichtet, wie man es sich ohnehin schlecht vorstellen kann ohne Joch zu pflügen oder einen Wagen ziehen zu lassen.[26]

---

[21] Vgl. Dalman, Arbeit und Sitte in Palästina, Bd. II, S. 94.
[22] Zürcher Bibel, 1971, Kommentar zu Mt 11,29.
[23] Vgl. Dalman, Arbeit und Sitte in Palästina, Bd. II, S. 98.
[24] Vgl. Dalman, Arbeit und Sitte in Palästina, Bd. II, S. 99.
[25] Vgl. ebenda.
[26] Vgl. ebenda.

Eine Schwierigkeit dabei ist, dass alte Abbildungen das Joch meist gar nicht zeigen.[27]

In Ägypten kam es wohl schon vor, dass das Joch bisweilen nur aus einem geraden Holz ohne Jochhaken bestand, welches an den Hörnern der Zugochsen festgebunden war.[28] Dies dürfte aber, wie auch Dalman betont, die Ausnahme gewesen sein. Für das überwiegende Vorkommen der Joche, wie sie oben beschrieben sind, sprechen die biblischen Befunde. Der Plural in Jer 27,2 und Ez 34,27, wo es sich nur um ein Joch handelt, deutet an, dass das Joch zusammengesetzt ist, weshalb das Joch „als mit Jochhaken versehen gedacht werden muss"[29]. Ein Joch mit zerbrochenen Jochhaken ist nach wie vor gebrauchsfähig, da man diese durch Schnüre ersetzen kann. Erst wenn dieses selbst zerbrochen ist (Jes 9,3) ist es nutzlos, weil dann jeder Ochse tun kann, was er will, ihn dabei weder sein Kollege noch der Pflug hindert.[30] Auch die Jochschnüre erscheinen im Alten Testament (Sir 6,30). Wenn sie dabei nicht gebunden, sondern sogar geflochten werden, halten sie besonders fest.[31] Wenn auch in Dtn 28,48 von einem eisernen Joch die Rede ist, dürfte es früher ebenso wenig wie heute in Gebrauch gewesen sein, weil es nur eine unnötige Belastung der Pflugtiere wäre. Die Menschlichkeit des Bauers zeigt sich also in der Anwendung eines möglichst leichten Joches.[32]

An dieser Stelle geht es vielmehr um die bildliche Verwendung des schweren Jochs. Hier knüpfen die aus dem Neuen Testament zitierten Stellen an. Es ist unrechtmäßig, ein untragbares Joch aufzulegen (Offb. 15,10), töricht, es sich auflegen zu lassen (Gal 5,1), verpflichtend hingegen unter einem ordentlichen

---

[27] Vgl. Dalman, Arbeit und Sitte in Palästina, Bd. II, S. 104.
[28] Vgl. ebenda.
[29] Dalman, Arbeit und Sitte in Palästina, Bd. II, S. 100.
[30] Vgl. ebenda.
[31] Vgl. Dalman, Arbeit und Sitte in Palästina, Bd. II, S. 101.
[32] Vgl. Dalman, Arbeit und Sitte in Palästina, Bd. II, S. 102.

Joch seine Arbeit zu verrichten (1 Tim 6,1). Sich freiwillig unter ein Joch zu begeben ist nur vernünftig, wenn es sich im Grunde um eine Befreiung (Mt 11,29f) handelt.[33]

Es fällt auf, dass die Verbindung des Jochs mit dem Pflug in der Bibel nirgends ausdrücklich erwähnt wird, doch kann man dies für die damalige Zeit voraussetzen, denn „das Joch wäre nicht das, was es ist, wenn nicht der Pflug an ihm hinge. Es wird ja nur aufgelegt, damit der Pflug gezogen werde."[34] Allerdings wird die Anwendung eines Jochs auch beim Ziehen eines Wagens vom jüdischen Recht bezeugt[35], was aber damals nicht so geläufig war und dem Pflügen einen größeren Stellenwert beizumessen ist.[36] Aus dem ganzen Gebrauch des Jochs und aus seiner Berechnung der Zugkraft ergibt sich, dass die Anschirrung von zwei Tieren üblich war, aber auch aus dem Sprachgebrauch, welcher die Rinder nach Gespannen (Jer 51,53; Lk 14,19)[37] zählt, womit also ein Paar gemeint ist. Das Joch Ochsen, der feddān, ist eine feststehende Größe, da sich die Tiere erst aneinander gewöhnen müssen, weshalb es üblich war (Lk 14,19) gleich ein „Joch Ochsen" zu kaufen.[38]

Alle Pflugtiere müssen erst an das Joch gewöhnt werden, damit sie sich vor dem Pflug richtig verhalten.[39] Am schwierigsten ist es, einen Stier einzugewöhnen. Zunächst bindet man ihm eine Art Joch um den Hals und lässt ihn so umhergehen. Hat er sich daran gewöhnt, wird er mit einem geübten Tier an ein richtiges Joch gespannt, wobei erst ein leichtes Gewicht daran gehängt wird und schließlich der Pflug. Als letzte Stufe wird er tatsächlich etwa ab dem dritten Lebensjahr zum Pflügen eingesetzt, zunächst auf leichterem Boden.

---

[33] Vgl. Dalman, Arbeit und Sitte in Palästina, Bd. II, S. 103.
[34] Ebenda.
[35] Vgl. Dalman, Arbeit und Sitte in Palästina, Bd. II, S. 111.
[36] Noch heutzutage wird in Ägypten mittels Joch auch der Dreschschlitten gezogen. Vgl. Dalman, Arbeit und Sitte in Palästina, Bd. III, S. 87.
[37] Vgl. Dalman, Arbeit und Sitte in Palästina, Bd. II, S. 111.
[38] Vgl. Dalman, Arbeit und Sitte in Palästina, Bd. II, S. 105.
[39] Vgl. Dalman, Arbeit und Sitte in Palästina, Bd. II, S. 161f.

3. Literaturangaben

Adler, N., in: Lexikon für Theologie und Kirche, Bd. V, hrsg. von J. Hofer und K. Rahner, Freiburg i. Br. 1960, S. 980.

Bauer, W., Wörterbuch zum Neuen Testament, Berlin und New York 1971, S. 671f.

Baum, A., in: Praktisches Bibellexikon, hrsg. von A. Grabner-Haider, Freiburg i. Br. 1969, S. 584f.

Bertram, G., in: Theologisches Wörterbuch zum Neuen Testament, hrsg. von G. Kittel, Bd. II, Stuttgart 1935, S. 898ff.

Computer-Konkordanz zum Novum Testamentum Graece, hrsg. vom Institut für neutestamentliche Textforschung und vom Rechenzentrum der Universität Münster, Berlin und New York 1980, S. 770f.

Dalman, G., Arbeit und Sitte in Palästina, Bd. II, III, Hildesheim 1964.

Frisk, H., Griechisches etymologisches Wörterbuch, Bd. I, Heidelberg 1973, S. 615.

Haag, H. (Hrsg.), Bibel-Lexikon, Einsiedeln, Zürich und Köln 1968, S. 828.

Hentschke, R., in: Biblisch-Historisches Handwörterbuch, hrsg. von B. Reicke und L. Rost, Bd. II, Göttingen 1964, S. 869.

Kalt, E., Biblisches Reallexikon, Bd. I, Paderborn 1931, S. 904f.

Knierim, R., in: Calwer Bibellexikon, hrsg. von K. Gutbrod und R. Kücklich, Stuttgart 1959, S. 649.

Léon-Dufour, X., Wörterbuch zum Neuen Testament, München 1972, S. 240.

Lesêtre, H., in: Dictionnaire de la Bible, hrsg. von F. Vigouroux, Bd. III, Paris 1903, S. 1700ff.

Rengstorf, H., in: Theologisches Wörterbuch zum Neuen Testament, hrsg. von G. Kittel, Bd. II, Stuttgart 1935, S. 900ff.

Rienecker, R. (Hrsg.), Lexikon zur Bibel, Wuppertal 1960, S. 703f.

Schenk, W., in: Exegetisches Wörterbuch zum Neuen Testament, hrsg. von H. Balz und G. Schneider, Bd. II, Stuttgart, Berlin, Köln und Mainz 1981, S. 258f.

Thomsen, P. in: Ebert, Reallexikon der Vorgeschichte, hrsg. von M. Ebert, Bd. X, Berlin 1928, S. 120.

Westerman, C., in: Theologisches Handwörterbuch zum Alten Testament, hrsg. von E. Jenni, Bd. II, München 1976, S. 189f.

BEI GRIN MACHT SICH IHR WISSEN BEZAHLT

- Wir veröffentlichen Ihre Hausarbeit, Bachelor- und Masterarbeit

- Ihr eigenes eBook und Buch - weltweit in allen wichtigen Shops

- Verdienen Sie an jedem Verkauf

Jetzt bei www.GRIN.com hochladen und kostenlos publizieren